INSTRUCTION

SUR

LE CAMPEMENT,

A L'USAGE

DU 1er RÉGIMENT D'INFANTERIE

DE LA GARDE ROYALE.

A PARIS,

Chez ANSELIN et POCHARD, Succrs DE MAGIMEL,
Libraires pour l'Art Militaire, rue Dauphine, n° 9.

1822.

INSTRUCTION

SUR

LE CAMPEMENT,

A l'usage du 1er Régiment d'Infan-
terie de la Garde Royale.

———

1. QUEL QUE soit le nombre des bataillons qui composent une troupe, chacun
d'eux établira son camp comme s'il était
isolé, en se conformant néanmoins à l'a-
lignement général donné pour toute la
troupe.

2. Les bataillons de la garde royale
devant être de 720 hommes, on partira
de cette base pour l'établissement du camp.
On supposera le bataillon campé sous des
tentes.

3. Une tente est une espèce de petit
toit en toile, soutenu par un *mât* en bois.

Ce mât AB (fig. 1) de 2 mètres (6 pieds)
de haut et 0,10 centim. (3 pouces 8 lig.)
d'équarissage est couronné par une traverse horizontale CD nommée *faîtière* de
1 mètre 80 cent. (5 pieds 6 pouces) de
long. Deux *arcs-boutans* EF, placés obli-

quement sous la faîtière, s'appuient sur le mât et consolident le système.

La toile. La toile GCDH est posée sur ce support et assujettie sur le terrain par des piquets P passés dans des boucles de corde.

4. La forme horizontale d'une tente est celle d'un carré long (fig. 2), dont les petits côtés seraient arrondis. Ces arrondissemens ARA se nomment *culs-de-lampe*. La tente a de long 5 mètres 85 centimètres (18 pieds) sur 3 mètres 90 centimètres (12 pieds) de large. Deux fentes ménagées dans les grandes faces servent de portes et se ferment à volonté au moyen de fortes agrafes. Les quatre lignes de raccord FA des culs-de-lampe avec les grandes faces sont renforcées d'une corde et se nomment les *encoignures*. Enfin une bande de toile cousue au bord inférieur et en dedans de la tente sert à boucher tous les vides, et se nomme *toile à pourrir*. La figure 3 présente la vue perspective d'une tente.

5. Telles sont les tentes de nouveau modèle. Elles sont destinées à abriter 16 hommes. Ils s'y placent circulairement, les têtes du côté de la toile, et les pieds dirigés vers le mât.

6. Il existe un autre modèle de tentes destinées à loger seulement 8 hommes. Elles n'ont qu'un seul cul-de-lampe. Le côté opposé est droit et fendu, en guise de porte. Ces tentes sont dites *à la canon-*

nière, ou d'ancien modèle. Dans cette instruction on ne calculera le camp que d'après les tentes de 16 hommes ou du nouveau modèle.

7. Le bataillon de la garde étant composé de 8 compagnies de 90 hommes, chaque compagnie occupera six tentes. *Nombre de tentes nécessaires à un bataillon.*

Les tentes seront alignées en plusieurs files perpendiculairement à la ligne de bataille, et ces files seront réparties sur l'espace formant le front du camp. L'intervalle qui sépare les rangées de tentes se nomme *rue*.

8. On range les tentes en longueur dans les files, c'est-à-dire, se présentant mutuellement leurs arrondissemens ou culs-de-lampe, et ayant leurs grands côtés sur les rues. Elles sont séparées entre elles par un intervalle d'un mètre. *Comment on les range.*

9. Il y aura donc sur le front 8 rangées de tentes. A la droite seront les tentes des grenadiers, séparées de celles de la 1re compagnie, par une grande rue, dont la largeur sera déterminée plus bas. A ces dernières on adossera les tentes de la 2e compagnie, en ne réservant entre ces deux rangées qu'une petite rue d'un mètre de largeur. Une grande rue séparera la 3e compagnie de la 2e, et la 4e sera adossée à la 3e, en réservant une petite rue d'un mètre. La distribution continuera de la même manière jusqu'aux voltigeurs qui seront à l'extrême gauche du front. (Voy. fig. 4.) *Distribution de front.*

1*

Principe général.

10. Il est de principe que le camp d'une troupe doit avoir, en front, la même étendue que cette troupe elle-même occupe en bataille.

Évaluation d'un front de bataillon.

11. Un bataillon de 720 hommes présente 231 files, voici comment :

Total des hommes d'une comp^e.   90

A soustraire :

Sous-officiers. . . . 6 }
Tambours . . . . . 2 }   8

Reste dans le rang par comp^e. .   82 h.

Pour les 8 compagnies   656

Lesquels divisés par trois donnent 219 files, dont une creuse.

A ce nombre de files de.   219

Ajoutez :

Chefs de peloton ayant au 3e rang leur remplacement . . . 8 }
Sous-offic. fermant la gauche du bataillon. . . . . . . 1 }   12
Garde du drapeau, files. . 3 }

Total des files du bataillon . . . 231 h.

En prenant ce nombre pour 230, et donnant à chaque file un front de 50 centimètres, le front du bataillon sera de 115 mètres. Dans cet espace de 115 mètres est compris l'intervalle de 24 pas ou 16 mètres, qui doit séparer les bataillons entre eux. Cette disposition a lieu en rai-

son du nombre d'absens qu'a nécessaire-
ment un bataillon.

12. Il restera donc en définitive un espace de 99 mètres pour le front du camp
proprement dit. Ce front pris à la ligne
extérieure des premières tentes des compagnies, se nomme *front de bandière*.

13. On calcule ainsi qu'il suit la largeur des grandes rues.

<pre>
                                      m.   c.
Le front est de. 115 00
Il y a sur ce front :

1° 8 rangées de tentes sur leur largeur, à)
3 mètres 90 centimètres. . . . . 31 m. 20 c. |
2° 3 petites rues, à 1 mètre. . 3   00   } 50 20
3° 2 demi-intervalles de ba- |
taillon, l'un à la droite, l'autre à |
la gauche du camp; ensemble. . 16   00   )
                                          _____

     Reste pour les quatre grandes rues. . . 64 80
Ainsi chacune de ces grandes rues aura 16 20
</pre>

14. On voit que l'on a divisé en deux
parties l'intervalle qui sépare les bataillons. De cette manière, chaque bataillon
se trouve au centre de son terrain ; et,
lorsque plusieurs bataillons campent ensemble, l'intervalle se trouve rétabli en
entier par la réunion de deux moitiés.

15. Chaque compagnie ouvrira ses tentes du côté de la grande rue sur laquelle
elle loge, excepté les grenadiers et les
voltigeurs qui les ouvriront sur le demi-
intervalle qui les avoisine. De cette manière les grenadiers et les compagnies im-

(6)

paires se porteront en bataille sur le front de bandière par le flanc gauche. Les vol-tigeurs et les compagnies paires s'y porteront par le flanc droit.

16. Il reste actuellement à indiquer la profondeur à partir du front de bandière.

<table>
<tr><td rowspan="2">De la profondeur.</td><td>1° Profondeur de 6 tentes, à raison de 5 mètres 85 centimètres, ci. . . . .</td><td>35 m.</td><td>10 c.</td></tr>
<tr><td>2° Largeur des 5 petites rues qui séparent les tentes, à 1 mètre. . . . .</td><td>5</td><td>00</td></tr>
<tr><td></td><td>3° Du pied de la dernière tente aux cuisines . . . .</td><td>12</td><td>00</td></tr>
<tr><td></td><td>4° Des cuisines aux tentes des adjudans, musiciens, cantiniers, etc. . . . .</td><td>15</td><td>00</td></tr>
<tr><td></td><td>5° Des précédentes aux tentes des lieutenans et sous-lieutenans . . . .</td><td>15</td><td>00</td></tr>
<tr><td></td><td>6° Des précédentes à celles des capitaines.</td><td>15</td><td>00</td></tr>
<tr><td></td><td>7° Des capitaines aux tentes de l'état-maj.</td><td>20</td><td>00</td></tr>
<tr><td></td><td>8° Ligne des faisceaux, en avant du front de bandière. . . . .</td><td>9</td><td>00</td></tr>
<tr><td></td><td>TOTAL de la profondeur. . . .</td><td>126</td><td>10</td></tr>
</table>

17. Le camp occupera donc une surface de 115 mètres de longueur sur 126 mètres 10 centimètres de profondeur. La fig. 4 représente un camp de cette sorte.

18. On fixe en outre les emplacemens suivans :

1° La garde du camp à 140 mètres en avant et vis-à-vis du centre du bataillon.

2° La tente des prisonniers et hommes punis, à 2 mètres derrière cette garde.

3° La garde de police en arrière du centre du bataillon, entre les cuisines et les tentes du petit état-major.

4° Les latrines des officiers à 30 mètres derrière les tentes de l'état-major.

5° Celles de la troupe à 110 mètres en avant et **vis-à-vis** du centre du bataillon.

19. Chaque compagnie aura deux faisceaux pour ses armes, placés en avant des premières tentes. Faisceaux d'armes.

20. Le drapeau sera placé sur deux chevalets au centre du bataillon, à égale distance entre le front de bandière et la ligne des faisceaux. Par le beau temps, il sera planté à la même place, mais déployé. Il est d'usage de réunir autour du drapeau toutes les caisses des tambours. Drapeau.

21. Le chevalet du piquet sera placé à la gauche du bataillon sur la ligne des faisceaux. Piquet.

22. Le lieutenant et le sous-lieutenant de chaque compagnie logeront ensemble dans une tente dressée sur l'alignement de leur compagnie. Les capitaines auront chacun une tente, aussi sur l'alignement de leur compagnie. Où et comment logent les officiers.

Les chefs de bataillon auront leur tente au centre de leur bataillon. L'adjudant-major sera au centre du demi-bataillon de droite.

Si l'on campe par régiment, la tente du colonel sera au centre du régiment; à droite du colonel, le lieutenant-colonel; à gauche, le major et le trésorier. Les autres officiers de l'état-major, s'il s'en trouve, seront répartis sur la même ligne.

23. Les magasins de l'État fournissent aux troupes qui campent les outils et ustensiles ci-après; savoir :

Fournitures de campement.

Par compagnie.

Faisceaux d'armes. 2
Manteaux d'armes. 2

Par tente de 16 hommes.

Pelle.	1	Maillet.	1
Pioche.	1	Marmite et son couvercle.	1
Hache	1	Gamelles.	2
Serpe	1	Grand bidon.	1
Hache à marteau	1	Couvertures de laine. . .	4

Variations dans les dimensions du camp.

24. Lorsque les circonstances obligent à étendre ou à resserrer le front du camp, on y parvient en augmentant ou en diminuant la largeur des grandes rues.

Cas où l'on compte par section.

25. Si, sans changer les dimensions du front, on voulait diminuer la profondeur du camp, on camperait les compagnies par sections sur deux lignes se faisant face. Chaque compagnie aura alors une grande rue pour elle seule, et sera séparée de la compagnie voisine par une petite rue d'un mètre. Dans ce cas, si le nombre des tentes d'une compagnie est impair, la file de la première section débordera d'une tente en arrière.

Un camp de cette espèce a donc sur son front de bandière 16 rangées de tentes, 7 petites rues d'un mètre et 8 grandes rues dont la largeur est facile à déterminer, en soustrayant du front total la somme des 7 petites rues et des 16 largeurs de tentes, et divisant par 8 le reste obtenu dans cette soustraction.

26. Les camps de baraques se disposent **Camp de baraques.** absolument de la même manière que ceux de tentes que l'on vient de décrire. Le seul changement à apporter au tracé tient aux dimensions des baraques, mais les calculs sont les mêmes. Les dimensions des baraques varient suivant les matériaux dont on les construit. Voici les plus usitées.

Largeur, 5 mètres. } Elles sont destinées à loger
Longueur, 6 mètres. } 16 hommes.

Comme leur porte est sur leur longueur, elles présentent leur largeur au front de bandière.

Comme les camps de baraques exigent un assez grand mouvement de terre, il serait bon d'augmenter la largeur des petites rues, tant de profondeur que de séparation, et de les porter à 1 mètre 50 centimètres. C'est ainsi qu'on les avait tracées au camp de Boulogne.

27. De quelque manière qu'une troupe **Division et logement de la troupe.** soit campée, elle reste toujours divisée par sections, subdivisions et escouades, et répartie de cette manière dans les tentes ou baraques.

On est dans l'usage de loger les sous-officiers d'une compagnie dans une même tente.

Du tracé d'un camp.

28. Lorsqu'un bataillon devra camper, **Détachement de campement.** on enverra d'avance sur la position un ou

deux officiers avec un nombre suffisant de sous-officiers et soldats par compagnie, pour tracer le camp. Ils seront munis de cordeaux sur lesquels il y aura des marques rouges et bleues pour indiquer la place des tentes.

Ces cordeaux sont de trois sortes; savoir :

Cordeaux. Un cordeau de front.
Un cordeau de demi-intervalle.
Un cordeau de profondeur.

Cordeau de front. 29. Le cordeau de front est divisé en 8 parties, dont chacune appartient à une compagnie; elles se réunissent bout à bout au moyen de boucles de corde, et de chevilles, de manière à ne plus former qu'un seul cordeau (fig. 7). Voici les dimensions de ces 8 cordeaux de compagnies.

Grenadiers.

	m. c.	m. c.
1° Largeur de la file de tentes 3 90		12 00
2° Moitié de la 1ʳᵉ grande rue 8 10		

Première compagnie.

1° 2ᵉ moitié de la 1ʳᵉ grande rue . . . 8 10		
2° Largeur de la tente. 3 90		12 50
3° 1ʳᵉ moitié de la 1ʳᵉ petite rue. . . . 0 50		

Deuxième compagnie.

1° 2ᵉ moitié de la 1ʳᵉ petite rue 0 50		
2° Largeur de la tente. 3 90		12 50
3° 1ʳᵉ moitié de la 2ᵉ grande rue . . . 8 10		

37 00

Ci-contre. . . . . 37 oo

Troisième compagnie.

                                            m. c.   m. c.

1° 2ᵉ moitié de la 2ᵉ grande rue . . . . 8 10 ⎫
2° Largeur de la tente. . . . . 3 90 ⎬ 12 50
3° 1ʳᵉ moitié de la 2ᵉ petite rue. . . . . o 5o ⎭

Quatrième compagnie.

1° 2ᵉ moitié de la 2ᵉ petite rue. . . . . o 5o ⎫
2° Largeur de la tente. . . . . 3 90 ⎬ 12 50
3° 1ʳᵉ moitié de la 3ᵉ grande rue . . . . 8 10 ⎭

Cinquième compagnie.

1° 2ᵉ moitié de la 3ᵉ grande rue . . . . 8 10 ⎫
2° Largeur de la tente. . . . . 3 90 ⎬ 12 50
3° 1ʳᵉ moitié de la 3ᵉ petite rue . . . . . o 5o ⎭

Sixième compagnie.

1° 2ᵉ moitié de la 3ᵉ petite rue. . . . . o 5o ⎫
2° Largeur de la tente. . . . . 3 90 ⎬ 12 50
3° 1ʳᵉ moitié de la 4ᵉ grande rue . . . . 8 10 ⎭

Voltigeurs.

1° 2ᵉ moitié de la 4ᵉ grande rue . . . . 8 10 ⎫
2° Largeur de la tente . . . . 3 90 ⎬ 12 oo

TOTAL égal au front diminué de l'intervalle. . 99 oo

Toutes ces dimensions sont, comme il a été dit (28), indiquées par des marques rouges ou bleues.

3o. Outre ce cordeau de front, on en a un de 16 mètres qui sert à marquer les demi-intervalles. Il est gradué en mètres,

Cordeau de demi-intervalle.

ce qui est fort utile pour prendre tontes sortes de mesures.

31. Le cordeau de profondeur se compose de plusieurs parties :

1° Chaque compagnie a un cordeau de 6 mètres 85 cent., distance égale à la longueur d'une tente plus une petite rue de séparation. Cette division est marquée en rouge. Ce cordeau sert à tracer la place des deux culs-de-lampe de chaque tente, et à espacer les tentes convenablement ;

2° Un cordeau portant de grandes divisions appartient à l'état-major, et se fixe au pied de la dernière tente des compagnies. Il sert à tracer la ligne des cuisines, celles du petit état-major, etc.

32. Pour élever les perpendiculaires on emploie deux moyens : premièrement le cordeau de perpendiculaire. Il est composé de 4 cordes et 4 anneaux. On fixe sur la ligne de front la partie AEB du cordeau (fig. 5). On tend avec soin les cordes AC et BC, qui sont égales. On place un jalonneur en E, un second en C, moyennent lesquels on prolonge autant qu'on veut la perpendiculaire ECM.

33. Le second moyen s'emploie à défaut de cordeau de perpendiculaire. Il est même préférable au premier, en ce qu'il arrive souvent que le cordeau se dérange.

Soit XY (fig. 6) la ligne de front, A le point auquel on veut élever une perpendiculaire à la ligne XY. Avec un cordeau et de chaque côté de A, mesurez deux distances AB et AC, égales entre elles, et de deux ou trois mètres. Plantez aux points B et C deux piquets. Ayez un cordeau d'une grandeur quelconque, pourvu qu'il soit sensiblement plus grand que AB ou AC. Fixez l'un de ses bouts au piquet B, à l'autre bout attachez un troisième piquet avec la pointe duquel, en tendant le cordeau, vous tracerez par terre une portion de cercle. Répétez la même opération, en attachant cette fois le bout du cordeau au piquet C. Vous tracerez une autre portion de cercle, qui viendra couper la première en un point D. Par les points A et D, tracez une ligne droite, elle sera perpendiculaire sur XY.

Ce procédé fort simple, est plus rigoureusement exact que l'emploi du cordeau de perpendiculaire. Il sera mis en usage de préférence, par toutes les compagnies, pour déterminer la rangée de leurs tentes, ainsi qu'il sera expliqué plus loin.

Manière de tracer le camp d'un bataillon.

---

34. Pour tracer le camp d'un bataillon de 8 compagnies, il faut le nombre d'hommes et les ustensiles déterminés, ci-après ; savoir :

   1° Officier dit de campement 1
   2° Autre officier ou sous-offic. intelligent
pour lui servir d'aide. . . . . } Officiers 2

(marginalia) Force du détachement de campement.

3º Guides généraux avec leurs fanions 4
4º Par compagnie, 1 sous-officier et 3 jalonneurs.
Total 4. Pour les 8 compagnies. 32
5º Tambour. 1

NOMBRE D'HOMMES . . . 35

6º Cordeau de front formé de la réunion des 8 cordeaux de front des compagnies 1
7º Cordeaux de profondeur des compagnies. . . . 8
8º Cordeau de profondeur de l'état-major. 1
9º Piquets à tracer 152

On jalonne la direction du front. 35. Le détachement de campement étant arrivé sur le terrain, et le chef d'état-major ayant indiqué à l'officier de campement la direction du front de bandière, cet officier la jalonnera au moyen des deux guides généraux. Celui de droite, appuyant au point où finit le demi-intervalle de gauche du bataillon, qui, dans l'ordre de bataille serait à la droite de celui dont on va tracer le camp. Le guide général de gauche prendra à vue une distance égale au front de son bataillon, entre lui et le guide général de droite. Cette distance sera rectifiée plus tard.

Comment se forme le détachement. 36. Pendant ce temps le détachement s'établira à peu près au centre du front de bandière, faisant face au camp et à quelques pas en dehors. Il sera formé en 8 files de 4 hommes de hauteur chacune; tous les hommes d'une même compagnie, composant une même file, et les compagnies étant inversées dans leur ordre de bataille, comme les sous-officiers à la parade de la garde montante.

37. L'officier de campement commandera :

Développez le cordeau de front.

A ce commandement le guide général
de droite plante un piquet entre ses deux
talons, et y passe la grande boucle du
cordeau de demi-intervalle.

38. Le sous-officier des grenadiers,
muni de deux piquets, saisit l'autre bout
de ce cordeau de demi-intervalle, et le
tend, en se prolongeant dans la direction
du front de bandière, déterminée par les
deux guides généraux. Il est lui-même as-
suré par l'aide de l'officier de campement,
qui se place à cet effet quelques pas en
dehors du guide général de droite.

39. Au point où finit le demi-intervalle
de droite, le même sous-officier de grenadiers plante un piquet, y passe la grande
boucle du cordeau de front de sa compagnie, et se prolonge sur le front de bandière, en tirant après lui l'autre extrémité du cordeau qu'il tend le plus droit
possible.

40. Alors le sous-officier de la première
compagnie apporte son cordeau, prend
l'extrémité qui porte l'étiquette, passe la
petite boucle de son cordeau dans la boucle de celui des grenadiers, et les joint ensemble au moyen de la cheville dont ce
dernier est armé. Il déroule son cordeau

Développez
le cordeau
de front.

Fonctions du
sous-officier
de grenadiers.

Le sous-offic.
de la 1re.

et le tend en se plaçant sur la ligne, comme il a été expliqué pour le sous-officier des grenadiers.

Les autres sous-officiers. 41. Le sous-officier de la deuxième compagnie exécute la même opération. Celui de la troisième, ensuite, ainsi jusqu'à la gauche. Enfin le sous-officier des voltigeurs plante un piquet à l'extrémité de son cordeau.

Observation importante. En attachant les cordeaux on aura soin de présenter vers la droite du camp l'extrémité qui porte une étiquette en bois au numéro de la compagnie. La gauche de chaque cordeau est marquée par une cheville qui sert à les réunir deux à deux. La fig. 7 montre de quelle manière on doit assembler les cordeaux.

A mesure que chaque sous-officier aura déployé son cordeau et l'aura joint à celui de la compagnie qui est à sa gauche dans l'ordre de bataille, il ira se placer sur la ligne, au milieu de l'espace marqué pour la file des tentes de sa compagnie, il fera face aux grenadiers, et aura son cordeau entre les deux talons.

42. L'aide de campement les alignera, ce qui étant fait correctement, l'officier de campement commandera :

Plantez vos piquets.

Plantez vos piquets. Auquel commandement les sous-officiers de chaque compagnie enfonceront un piquet à chacune des marques qui indiquent l'emplacement de leurs tentes respectives. Savoir : la marque *bleue et rouge* le pied de la tente du côté de la grande rue, et la marque *bleue* le bord de cette même tente sur la petite rue.

43. Il reste entre le sous-officier des voltigeurs et le guide général de gauche un espace qui doit être un demi-intervalle de bataillon de 8 mètres ; si le guide général, qui d'abord n'a été placé qu'à vue (n° 35), n'avait pas sa distance, ce serait le moment de rectifier sa position.

44. Dans les opérations que nous venons de décrire, comme dans toutes celles qui suivent, l'officier de campement se porte partout où il juge sa présence nécessaire.

Place de l'officier de campement.

45. Le front étant ainsi tracé, l'officier de campement commandera :

Guides à vos places.

A ce commandement, les guides rentreront au peloton, les guides généraux resteront sur la ligne.

Guides à vos places.

46. Pour tracer la profondeur du camp, l'officier commandera :

Tracé de la profondeur.

Elevez les perpendiculaires.

Le sous-officier de chaque compagnie se portera, suivi de 3 jalonneurs, au point marqué sur son cordeau en *rouge et bleu*, indiquant le bord de la tente du côté de la grande rue. Il y établira le premier ja-

Élevez les perpendiculaires.

lonneur, face en dehors du camp, et ayant la ligne des épaules dans la direction du front de bandière. Avec l'aide du second jalonneur, il élèvera la perpendiculaire par les procédés indiqués ci-dessus (n° 33), et la prolongera par un troisième jalonneur jusqu'à 70 ou 80 pas. Le 1er et le 3e jalonneurs de chaque compagnie ne bougeront ; les sous-officiers et les seconds jalonneurs se retireront au peloton à mesure que leur opération sera terminée.

Division des perpendiculaires. 47. Sur la perpendiculaire des grenadiers, l'officier de campement, réglé par le cordeau de profondeur de cette compagnie, fera planter des piquets aux points où doivent aboutir les culs-de-lampe antérieurs de chaque tente. Son aide fera la même opération aux voltigeurs, après quoi l'officier commandera :

48.   *Pour tracer la 2e tente.*

Guides généraux sur la ligne.

Tracé de la 2e tente. A ce commandement, le guide général de droite se placera au 2e piquet de profondeur des grenadiers. Celui de gauche en fera de même aux voltigeurs (ces piquets viennent d'être plantés par les officiers de campement (n° 47).

Un jalonneur disponible de la 4e compagnie se portera sur la perpendiculaire de cette compagnie, faisant face aux grenadiers, et élevant son arme entre les deux yeux. Il sera aligné sur les deux guides généraux par l'aide de campement placé à quelques pas en dehors des grenadiers. L'officier de campement veillera à ce que ce jalonneur soit en même temps correctement sur la perpendiculaire de sa compagnie, et commandera :

Guides sur la ligne.

Le jalonneur de chacune des cinq autres compagnies (1re, 2e, 3e, 5e et 6e), muni de piquets, se portera légèrement sur la perpendiculaire de sa compagnie, s'établissant correctement, 1° entre les deux jalonneurs qui tracent cette perpendiculaire; 2° sur les guides généraux et sur la 4e compagnie. A cet effet les jalonneurs du demi-bataillon de droite feront face aux voltigeurs, ceux du demi-bataillon de gauche, face aux grenadiers.

49. L'officier de campement, les voyant exactement placés, commandera :

Fixe.

Plantez vos piquets.

Les jalonneurs des 5 compagnies planteront entre leurs talons le piquet de la 2e tente, et resteront à la même place.

5o. Cela fait, l'officier commandera :

Pour tracer la 3e tente.

Guides généraux sur la ligne.

Les guides généraux de droite et de

Tracé de la 3e tente.

gauche iront se placer les talons contre le 3ᵉ piquet, et se feront face. Le guide de la 4ᵉ compagnie se portera entre eux deux et sur le prolongement de la perpendiculaire de sa compagnie, ce qui lui sera facile en se réglant sur le piquet de la 2ᵉ tente, qu'il vient de planter, et sur le jalonneur de sa compagnie resté sur le front de bandière. Il élèvera son arme entre les deux yeux.

Tracé des autres tentes. 51. Le mouvement continuera comme pour la 2ᵉ tente, aux mêmes commandemens.

Les 4ᵉ, 5ᵉ et 6ᵉ tentes se traceront, comme les trois premières, par les commandemens suivans :

1. { *Pour tracer la (le n°) tente,*
{ *Guides généraux sur la ligne.*

2. *Guides sur la ligne.*

3. { *Fixe.*
{ *Plantez vos piquets.*

Observations sur les commandemens. 52. Ces commandemens, comme tous ceux qui seront faits dans cette école, seront précédés d'un roulement très-court, nécessaire pour fixer l'attention des travailleurs au milieu du bruit inséparable de leurs opérations.

Emploi des grands cordeaux de profondeur. 53. La dernière tente de chaque compagnie étant marquée, l'officier de campement et son aide font porter sur la perpendiculaire des grenadiers les deux cor-

deaux qui servent à marquer l'emplacement des cuisines, des tentes du petit état-
major, des lieutenans, capitaines et officiers de l'état-major (n⁰ 31).

54. Le premier de ces deux cordeaux
a 27 mètres de longueur. Son extrémité
marquée en *bleu* se fixe au pied de la dernière tente des grenadiers. De là, à la
ligne des cuisines, il y a 12 mètres. Cette
ligne est indiquée par une marque *rouge*
et une étiquette en bois. La deuxième portion du cordeau est de 15 mètres; c'est la
distance des cuisines aux adjudans, musi-
ciens, cantiniers, etc. (n° 16).

55. Le second cordeau fait suite au premier; il a 20 mètres de longueur et est
divisé en deux parties, l'une de 15 mètres,
l'autre de 5 mètres; une marque *rouge et
bleue* les sépare : une marque *rouge* à
chaque bout de ce cordeau le distingue du
premier.

Avec la portion de 15 mètres on trace
la ligne des lieutenans et sous-lieutenans.
On reporte ensuite le cordeau en arrière,
et, avec la portion de 15 mètres, on trace
la ligne des capitaines.

On reporte de nouveau le cordeau en
arrière, et, avec la totalité des 20 mètres,
on marque la place de l'état-major.

56. A mesure qu'on marque ces lignes,
l'officier de campement y fait planter des
piquets pour indiquer l'endroit où doit
arriver le bord antérieur de chaque rangée

de tentes. Toutes celles qui sont sur ces diverses lignes sont placées en travers, la porte tournée vers le front de bandière.

57. Les mêmes opérations se répètent sur la perpendiculaire des voltigeurs, ce qui étant terminé, l'officier de campement commande :

<table>
<tr><td>Tracé des autres lignes du camp.</td><td>1. { Pour tracer les cuisines.
{ Guides généraux sur la ligne.</td></tr>
<tr><td></td><td>2.   Guides sur la ligne.</td></tr>
<tr><td></td><td>3. { Fixe.
{ Plantez vos piquets.</td></tr>
</table>

Ces commandemens s'exécutent comme il a été prescrit pour les tentes des compagnies (n°s 48 et suiv.)

58. On achève de tracer le camp par les mêmes moyens, en substituant au 1er commandement les suivans :

Pour tracer les tentes du petit état-maj.
——————————————— des lieutenans.
——————————————— des capitaines.
——————————————— de l'état-major.

59. Tout ce qui précède étant exécuté, l'officier fera battre un rappel, et tous les sous-officiers et jalonneurs reviendront se former en peloton, comme ils étaient en arrivant.

<table>
<tr><td>Tracé des faisceaux.</td><td>Il ne restera plus qu'à tracer à 9 mètres</td></tr>
</table>

en avant du front de bandière la ligne des faisceaux. L'aide de campement marquera ces 9 mètres en avant des grenadiers et des voltigeurs, l'officier commandera :

Pour tracer les faisceaux.

Guides généraux sur la ligne.

Guides sur la ligne.

Fixe.

Plantez vos piquets.

Guides à vos places.

Les 5 premiers commandemens seront exécutés comme on l'a dit (n° 48), au 6ᵉ les guides généraux et autres rentreront au peloton et le camp sera tracé.

60. Il est bon de savoir que chaque Observation. compagnie a besoin de 19 piquets à tracer ; savoir :

Pour indiquer la place de la compag⁰. sur le front.	2
Pour la fin de la première tente.	1
Pour chacune des 5 autres, 2 ; ensemble	10
Pour les cuisines	1
Pour la ligne du petit état-major.	1
Pour celle des lieutenans	1
Pour celle des capitaines.	1
Pour celle de l'état-major	1
Pour la ligne des faisceaux.	1
Total	19

Pour les 8 compagnies du bataillon. 152

Manière de dresser le camp.

Distribution
des tentes.

61. Pendant le temps que l'on trace le camp, les fourriers font décharger les tentes et les distribuent aux caporaux. Cette distribution se fait entre le front de bandière et le bataillon, qui demeure en bataille.

Hommes
de corvée.

62. Les caporaux emmènent chacun six hommes de corvée, qui portent les tentes et leurs agrès, et les déposent dans les grandes rues du camp, aux places que leur indiquent les sous-officiers qui l'ont tracé.

On assemble
les tentes.

63. Deux des six hommes assemblent les deux morceaux de bois de la fourche, et posent la traverse. Deux autres déploient la toile et la jettent par-dessus le bois, ayant soin de bien ajuster les bouts de la faîtière dans le sommet des encoignures. Toutes les tentes ainsi préparées sont couchées sur le côté, le pied du mât à l'endroit désigné pour le centre de la tente. On a soin de fixer à cet endroit une pierre plate et large ou un morceau de planche, pour empêcher le pied du mât de s'enfoncer en terre.

On dresse
les tentes.

64. Un roulement donne le signal pour que toutes les tentes s'élèvent à la fois; les deux hommes qui tiennent le mât le dressent verticalement, ayant soin que la traverse soit dans la direction de la rue et

bien horizontale. Les quatre autres hommes passent des piquets dans les boucles de corde des encoignures (n° 4), et les enfoncent à coups de maillet également et ensemble, en tendant les encoignures. Ils fixent ensuite les autres boucles. Enfin, autour de chaque tente on creuse un petit fossé avec une rigole pour faire écouler l'eau pluviale qui glisse le long de la toile. On relève la terre de ce fossé en talus.

.65. Au moment où l'on distribue les tentes, un sous-officier par compagnie *On plante les faisceaux.* plante les faisceaux aux points désignés et on ne se sépare qu'après y avoir posé les armes.

Manière de lever le camp.

66. Au signal indiqué pour lever le camp on abat toutes les tentes à la fois dans l'ordre inverse à celui qu'on a suivi pour les élever. On nettoie la toile à pourrir et on ploie la tente en deux dans sa hauteur, après avoir fait rentrer en dedans les deux culs-de-lampe. On la roule ensuite par chaque extrémité. Les caporaux remettent les tentes et ustensiles aux fourriers qui les font recharger.

FIN.

IMPRIMERIE DE DEMONVILLE, RUE CHRISTINE, N° 2.

Etat m.or
Cap.nes
Lieuten.
Pet. Et. m.or
Cuisines
Front de B.re
5e   G.e   Volt.
Etat m.or

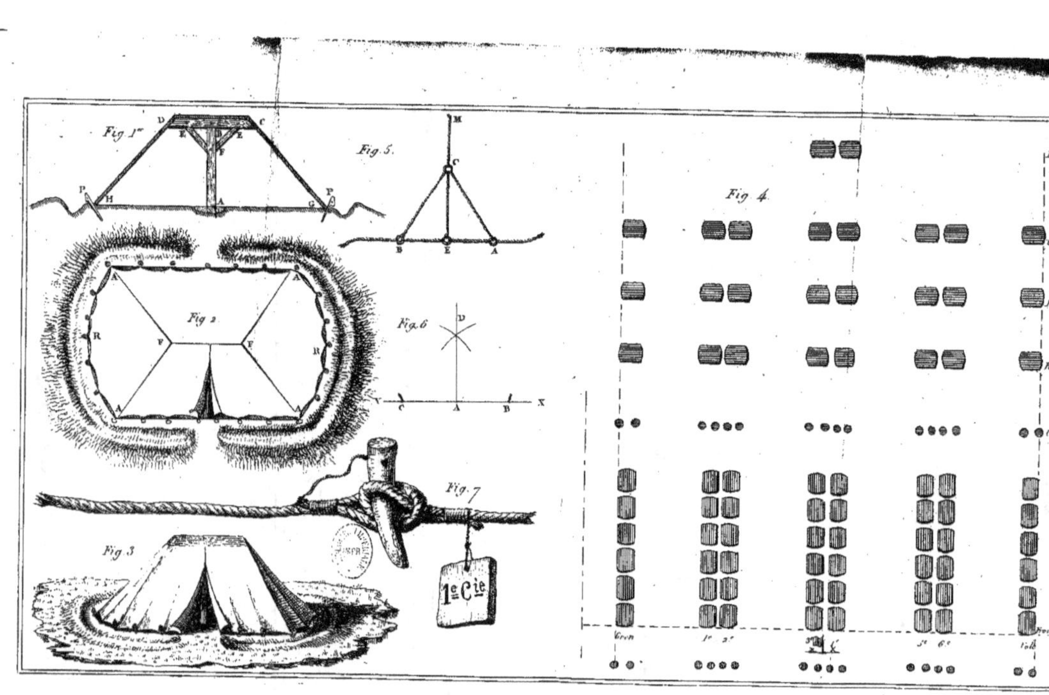

Fig. 1er
Fig. 2
Fig. 3
Fig. 4
Fig. 5
Fig. 6
Fig. 7
1re Cie